한국사여행

1차시
씩씩한 수렵도, 고구려

1. 고구려를 세운 주몽 이야기

2. 광개토대왕과 장수왕

3. 바보온달과 평강공주

4. 고구려 벽화 이야기

고구려를 세운 주몽 이야기

고구려는 부여에서 갈라져 나온 주몽이 세웠어요. 이러한 사실을 알려주는 고구려의 건국 신화를 알아봐요.

주몽, 부여에서 도망쳐 고구려를 세우다!

주몽의 어머니는 물의 신 하백의 딸 유화예요. 하루는 유화가 물놀이 갔다가 하느님의 아들인 해모수를 만나 사랑에 빠져 결혼을 했어요. 아버지 하백은 부모 허락도 없이 결혼했다며 유화를 집에서 쫓아냈어요. 갈 곳이 없어 떠돌던 유화를 부여의 금와왕이 발견하고 궁으로 데려왔어요.

그런데 방 안에 있는 유화 부인 몸에 자꾸만 햇빛이 비쳐 들어왔어요. 몸을 피해도 햇빛이 계속 쫓아와 비추더니 유화는 임신을 했고 큼지막한 알을 낳았어요. 이상하게 여긴 금와왕은 그 알을 돼지우리에, 마구간에 버렸지만 짐승들은 그 알을 깨뜨리지 않고 잘 보살펴 주었어요. 하늘의 뜻이라 여긴 금와왕은 알을 유화에게 되돌려주었고, 그 알에서 남자아이가 태어났어요. 이 아이는 일곱 살에 활을 만들어 쏘았는데 백발백중이었어요. 사람들은 '활을 잘 쏘는 사람'이란 뜻으로 주몽이라 불렀어요.

주몽이 무예도 뛰어나고 머리도 총명하여 금와왕의 사랑을 받자, 금와왕의 일곱 왕자들은 주몽을 미워해 아버지에게 주몽을 죽이라고 했어요. 금와왕은 차마 죽이지는 못하고 마구간 돌보는 일을 시켰어요.

그러던 어느 날 유화 부인이 느닷없이 마구간으로 들어가 사정없이 말에게 채찍을 휘둘러대더니 가장 높이 뛰어오르는 말을 끌어내 ㉠말의 혓바닥에 바늘을 꽂게 했어요. 그 말은 하루가 다르게 말라 갔어요. 마구간을 방문한 금와왕은 비쩍 마른 그 말을 주몽에게 주었어요. 주몽은 그제야 바늘을 뽑아내고 열심히 훈련시켜 부여 최고의 명마로 만들었어요.

어느 날 한밤중에 유화 부인이 주몽을 다급하게 불렀어요.

"왕자들이 오늘 밤 너를 죽이려고 한다는구나. 즉시 그 말을 타고 남쪽으로 떠나거라."

주몽은 어머니와 부인 예씨에게 인사를 하고, 자신을 따르는 무리와 함께 부여를 탈출해 남쪽으로 내려갔어요. 금와왕의 왕자들은 주몽의 뒤를 쫓았으나 주몽은 무사히 탈출하여 졸본 지역에 나라를 세웠어요. 그 나라가 고구려예요. 이 때 주몽의 나이 스물두 살이었어요.

– 고려 역사책 김부식의 〈삼국사기〉와 일연의 〈삼국유사〉에 실려 있음 –

1. 주몽의 어머니, 아버지는 누구인가요? 여러분의 어머니, 아버지와 무엇이 다른가요?

2. 금와왕의 왕자들은 왜 주몽을 미워했을까요? 여러분들도 미워하는 사람이 있나요?

3. 유화 부인은 왜 ㉠처럼 말의 혓바닥에 바늘을 꽂게 했나요?

4. 오녀산성은 주몽이 고구려를 세운 졸본성으로 짐작하는 곳이에요. 주몽이 오녀산성을 보고 했을 법한 말을 말풍선에 써 봐요.

오녀산성(중국 환인 지방) : 고구려 유물 2천여 점이 발굴되었으며, 저수지, 망대, 병영 등의 건물터가 남아 있다.

02 광개토대왕과 장수왕

고구려는 19대 광개토대왕과 20대 장수왕 때 고구려 땅을 크게 넓혔어요. 광개토대왕과 장수왕의 업적을 알아봐요.

광개토대왕 이야기

열일곱 살 때 왕이 된 광개토대왕은 많은 나라들을 정복하여 영토를 크게 넓혔어요. 영토를 크게 넓힌 왕이라는 뜻으로 이름이 광개토대왕이에요. 광개토대왕은 임금이 되자마자 백제를 먼저 공격했어요. 남쪽 땅의 기름진 평야가 필요했고, 또 북쪽 나라들을 정복하려면 남쪽의 백제가 고구려를 침략하지 못하도록 해야 했거든요. 그후 광개토대왕은 북쪽의 여러 나라들, 후연, 거란, 부여, 숙신을 차례차례 정복했어요. 이렇게 광개토대왕은 남북 어디든 가는 곳마다 승리를 거두어 고구려 땅을 크게 넓혔어요. 그러나 안타깝게도 광개토대왕은 39세의 젊은 나이로 세상을 떠났어요.

장수왕 이야기

광개토대왕의 맏아들이 뒤이어 왕이 되었어요. 바로 장수왕이에요. 장수왕은 79년 동안이나 왕위에 있었고 97세에 죽었어요. 그래서 이름도 장수왕이에요. ㉠장수왕은 아버지의 업적을 널리 알리고자 광개토대왕릉비를 세웠어요. 장수왕은 백제를 공격하여 수도 한성을 점령하고, 신라를 공격하여 일곱 개 성을 빼앗는 등 남쪽으로 영토를 넓혀 나갔어요. 충청북도 충주에 있는 입석마을에 가면 예전에 마을 주민들이 빨래판으로 쓰던 비석이 하나 서 있어요. ㉡이 비석에는 신라 땅이었던 남한강 지역이 고구려 땅으로 변했음을 알려주는 내용이 새겨져 있는데, 바로 중원고구려비예요.

1. 고구려를 크게 일으켜 세운 광개토대왕과 장수왕의 이름의 뜻은 무엇인가요?

廣	開	土	大	王
넓을 광	열 개	흙 토	큰 대	임금 왕

長	壽	王
길 장	목숨 수	임금 왕

2. 장수왕이 세운 광개토대왕릉비와 중원고구려비에는 무엇이라고 써 있을까요? ㉠과 ㉡을 보고 내가 말풍선에 써 봐요.

광개토대왕릉비
(중국 지안, 6.39미터)

중원고구려비
(국보 205호, 충북 충주, 2.03미터)

5

 # 03 바보온달과 평강공주

바보온달과 평강공주 이야기는 삼국 시대 때 치열했던 삼국 간의 정복 전쟁을 잘 보여주는 이야기예요. 함께 읽어 봐요.

바보온달과 평강공주 이야기

고구려의 25대 왕 평원왕에게는 평강공주라는 딸이 있었어요. 평강공주는 어려서부터 울보로 소문났어요. 평원왕은 우는 공주를 달래기 위해 이렇게 농담을 했어요.

"얘야, 자꾸 울면 나중에 바보 온달에게 시집보낸다."

온달은 평양 변두리 산골에서 늙은 어머니를 모시고 가난하게 살고 있는 청년이었어요. 세월이 흘러 평강공주가 시집갈 나이가 되자 평원왕은 귀족의 아들과 혼인시키려고 했어요. 그러자 평강공주가 이렇게 말했어요.

"제가 울 때마다 아버님은 저를 바보 온달에게 시집보낸다고 말씀하셨습니다. ㉠백성들도 약속을 지키지 않으면 엄한 벌을 받는데, 하물며 임금님께서 약속을 지키지 않는다면 백성들이 어찌 믿고 따르겠습니까? 저는 아버님이 예전에 하셨던 약속대로 온달을 낭군으로 맞이하겠나이다."

평원왕은 화가 나서 평강공주를 성 밖으로 내쫓았어요. 평강공주는 온달을 찾아가 결혼했어요. 그후 평강공주는 온달에게 글을 가르치고 무술을 익히게 하여 바보온달은 훌륭한 젊은이가 되었어요. 고구려에서는 매년 3월 3일에 사냥 대회가 열렸어요. 이 행사에는 왕이 직접 참석하여 제일 잘한 사람에게 큰 상을 내렸지요. 온달은 사냥 대회에 나가 빼어난 실력으로 1등을 차지했어요.

"네 이름이 무엇이냐?"

"대왕마마, 저는 온달이라고 하옵니다."

"뭣이라고! 네가 온달이라고?"

평원왕은 너무 놀랐지만 듬직한 온달을 보고 사위로 인정했지요. 이후 온달은 여러 전투에서 계속 승리하여 고구려 최고의 장군이 되었고, 평강공주와 함께 행복하게 살았어요. 하지만 온달은 신라에게 빼앗겼던 한강 북쪽의 땅을 되찾기 위해 신라군과 싸우다가 화살에 맞아 죽고 말았어요. 장례를 치르기 위해 관을 움직이려 했으나 관이 꿈쩍도 하지 않았어요. 평강공주가 와서 관을 어루만지며 "죽고 사는 것은 이미 결정되었으니 마음놓고 돌아가소서" 하고 말하자 관이 움직였대요.

– 일연의 〈삼국유사〉에 실려 있음 –

1. 평강공주는 어려서부터 울보였다고 해요. 여러분은 어렸을 때 별명이 무엇인가요?

2. 평강공주는 아버지가 약속을 지키지 않자 ㉠처럼 얘기했어요. 만약 여러분이 평강공주라면 어떻게 말했을까요?

3. 온달은 어느 나라 군대와 싸우다 죽었나요?

충북 단양 온달산성

4. 가난했던 바보온달이 임금의 딸인 공주와 결혼했다는 이야기가 사실일까요?

 ## 고구려 벽화 이야기

 고구려인들은 무덤 벽에 많은 그림을 남겼어요. 고구려의 유명한 무덤인 무용총(춤무덤)의 수렵도와 무용도를 보고 고구려인들의 생활을 알아봐요.

총 (塚-무덤 총) : 주인이 밝혀지지 않은 무덤으로, 무덤의 특징이나 발굴된 유물 이름을 따서 무덤 이름을 짓는다.

Q1 고구려 무용총 벽에 그려진 수렵도예요. 다음 그림을 찾아봐요.

 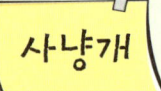  

사슴 　 호랑이 　 사냥개 　 산 　 나무

 왜 수렵도란 이름이 붙었을까요?

말탄 무사는 모두 몇 명인가요?

 위쪽 말탄 무사는 무엇을 향해 활을 겨누고 있나요?

 아래쪽 말탄 무사는 무엇을 향해 활을 겨누고 있나요?

❷ 고구려 무용총 벽에 그려진 무용도예요. 다음 그림을 찾아봐요.

무용단   무용단 대장   합창단   주인   시종

왜 무용총이란 이름이 붙었을까요?

무용단과 합창단은 누구를 위해 춤추고 노래하고 있나요?

❸ 수렵도와 무용도, 두 그림을 본 느낌을 말해 봐요.

수렵도

무용도

수렵도 그리기

고구려 수렵도의 멋진 장면을 따라 그리고 색칠해 봐요.
고구려인들의 씩씩한 기상을 느껴 보세요.

2차시
우아한 무령왕릉, 백제

1. 백제를 세운 온조 이야기

2. 한성 백제 - 근초고왕 이야기

3. 웅진 백제 - 무령왕릉 이야기

4. 사비 백제 - 무왕 이야기

이 백제를 세운 온조 이야기

백제는 고구려에서 갈라져 나온 온조가 한강 유역에 터를 잡고 세웠어요. 이러한 사실을 알려주는 백제의 건국 신화를 알아봐요.

온조, 고구려를 떠나 백제를 세우다!

고구려를 세운 주몽은 졸본에서 소서노와 결혼하여 두 아들을 낳았어요. 비류와 온조였죠. 그런데 어느 날 주몽이 부여에 있을 때 낳은 유리 왕자가 아버지를 찾아왔어요. 주몽이 부여를 탈출할 때 증표로 준 칼을 가지고요. 소서노는 마음이 어두워졌어요.

"비류와 온조가 걱정이다. 왕이 유리를 태자로 삼을지 몰라."

소서노가 걱정한 대로 주몽은 유리를 반갑게 맞이하고 태자로 삼았어요. 그러자 비류와 온조는 아버지 주몽을 찾아갔어요.

"아버님, 이 나라는 이제 태자 유리의 것입니다. 저희들은 어머님을 모시고 남쪽으로 내려가 새 나라를 세우겠나이다."

이때 여러 신하가 따르고 어머니인 소서노도 많은 보물을 싣고 함께 길을 나섰습니다. 이들은 깊은 산을 넘고 넘어 남쪽으로 내려갔어요.

"왕자님, 저 땅을 보세요. 북쪽에는 한강이 흐르고 남쪽에는 기름진 들판이 있어요. 여기 위례성(지금의 서울시 송파구)에 도읍을 정하고 나라를 세움이 어떠하신지요?"

그런데 비류는 이 곳을 마음에 들어 하지 않았어요.

"그래도 바다가 가까운 곳이 더 좋지 않겠소. 바다 쪽으로 더 가 봅시다."

비류는 신하들의 말을 듣지 않고 자신을 따르는 신하들과 함께 바닷가를 찾아 미추홀(인천)로 갔어요.

비류가 떠난 뒤 온조는 10명의 신하들과 함께 이 곳을 도읍으로 삼고 나라 이름을 십제라 했어요. 과연 그 곳은 강이 가까이 있어 농사가 잘되는 살기 좋은 곳이었어요. 주변의 작은 부족들도 모여들어 온조의 백성이 되었고, 십제는 조금씩 나라의 틀을 갖추어 나갔어요.

그런데 얼마 뒤 비류가 죽고 미추홀로 갔던 비류의 백성들이 돌아왔어요. 미추홀은 바닷가라 물이 짜서 마실 수가 없고 땅이 축축하여 농사짓기가 어려웠거든요. 온조는 이들을 반갑게 맞이하고 나라 이름을 십제에서 백제로 고쳤어요.

– 고려 역사책 김부식의 〈삼국사기〉와 일연의 〈삼국유사〉에 실려 있음 –

① 주몽은 아들이 몇 명인가요? 아들의 이름을 말해 봐요.

② 비류와 온조는 어디에 도읍지를 정했나요?

비류 ⬜　　　　온조 ⬜

③ 온조가 나라 이름을 십제에서 백제로 바꾼 까닭은 무엇일까요?

④ 서울은 500년 동안이나 백제의 첫 수도였어요. 백제의 수도인 하남위례성은 지금의 서울 송파구 일대예요. 그래서 송파구 일대에는 백제의 흔적이 많이 남아 있어요. 다음 중 백제의 유물과 유적이 아닌 것을 찾아봐요.

풍납토성　　청동자루솥　　몽촌토성　　세발달린토기

장군총　　석촌동 고분

02 한성 백제 - 근초고왕 이야기

한성 백제 시기 근초고왕은 백제 땅을 크게 넓히고, 고구려의 공격도 거뜬히 막아냈어요. 근초고왕의 업적을 알아봐요.

근초고왕, 고구려를 물리치다!

근초고왕이 제13대 임금이 되었을 무렵 백제는 몹시 위태로웠어요. 고구려의 고국원왕이 2만 명의 병력을 이끌고 백제를 향해 쳐들어오고 있었거든요. 근초고왕은 즉시 태자를 불러 명령을 내렸어요.

"네가 군사를 이끌고 가서 고구려군과 맞서 싸워라!"

그 때 태자에게 특별한 손님이 찾아왔어요.

"태자님, 저는 오래 전에 백제 장수였는데 큰 죄를 짓고 고구려로 도망쳤습니다. 이제라도 죄를 용서받고 싶어 태자님께 고구려군을 물리칠 좋은 묘책을 알려 드리러 왔습니다."

"뭣이? 그 좋은 방법을 어서 말해 보아라."

"태자님, 고구려 군사는 많기는 하나 모두 숫자만 채운 병사에 불과하고, 그 중 가장 강력한 부대는 붉은 깃발을 든 무리이니, 이를 먼저 공격하면 그 나머지는 공격하지 않아도 저절로 허물어질 것입니다."

태자 근구수는 백제의 병사들에게 큰소리로 명령을 내렸어요.

"저 붉은 깃발 아래를 집중 공격하라."

백제 병사들은 붉은 깃발 아래쪽을 집중 공격하여 고구려군을 격퇴하고 고구려군 5천여 명을 사로잡는 승리를 거두었어요. 그로부터 2년 뒤 고구려가 다시 공격해 오자, 근초고왕은 예성강변에 군사를 숨겨 두고 기다리고 있다가 다시금 고구려군을 격퇴시켰어요.

두 번씩이나 공격을 당한 근초고왕은 정예 병사 3만 명을 이끌고 고구려 평양성을 공격했어요. 이미 두 번씩이나 크게 패한 고국원왕은 전투를 직접 지휘하며 필사적으로 백제의 공격을 막아내다가 백제군의 화살에 맞았어요.

㉠"고구려 임금이 화살에 맞아 쓰러졌다!"

백제군의 사기는 치솟아올랐고, 왕을 잃은 고구려군은 도망치기 바빴지요. 근초고왕은 전투에서 승리한 장수와 병사들에게 크게 상을 내리고 잔치를 열었어요. 이로써 백제는 지금의 전라도, 충청도, 강원도, 황해도 일부까지 넓은 영토를 차지했고, 근초고왕이 다스리는 동안에는 고구려도 함부로 백제 땅을 넘보지 못했어요.

— 김부식의 〈삼국사기〉에 실려 있음 —

① 근초고왕이 백제를 다스릴 때 고구려는 어느 왕이 다스렸나요?

② 백제 군사들이 붉은 깃발 아래쪽만 집중 공격한 이유는 무엇인가요?

③ 내가 고구려 병사라면 ㉠의 외침 소리를 들었을 때 어떠한 생각이 들었을까요?

④ 백제는 근초고왕이 다스릴 때 땅이 가장 넓었어요. 다음 중 근초고왕이 다스릴 때의 지도를 찾아봐요.

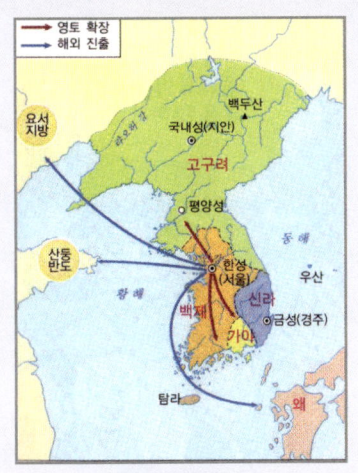

백제 전성기
(4세기/근초고왕)

고구려 전성기
(5세기/광개토대왕과 장수왕)

신라 전성기
(6세기/진흥왕)

03 웅진 백제 - 무령왕릉 이야기

 백제는 고구려가 쳐들어와서 수도를 웅진(공주)으로 옮겼어요. 웅진에서 무령왕은 백제의 부흥을 위해 노력했어요. 무령왕릉 발굴 현장으로 함께 가 봐요.

무령왕릉 유물 이야기

위치 :
충청남도 공주시 왕릉로 37-2번지(웅진동 57번지)

안내 :
무령왕릉은 백제의 제25대 무령왕과 그 왕비의 무덤이다. 왕과 왕족의 무덤이 모여 있는 송산리 고분군에 있다. 총 108종 2906점의 유물이 발굴되었는데, 이 유물들은 국립 공주 박물관에 가면 볼 수 있다.

무덤 구조 무령왕릉은 당시 중국에서 유행했던 벽돌로 쌓아 만든 벽돌무덤이다. 백제가 중국과 활발한 교류를 했다는 것을 보여준다.

지석(국보163호) 무덤 입구에는 직사각형 돌판 두 장이 나란히 놓여 있었는데, 왕과 왕비의 지석이었다. 묘지석에는 백제 무령왕과 왕비의 무덤이라고 씌어 있었다. 또한 묘자리 땅을 지신한테 구입했다는 기록도 있었다.

| 지석 (誌-기록할 지, 石-돌 석) : 무덤의 주인을 기록한 돌판
| 지신 (地-땅 지, 神-신 신) : 땅을 다스리는 신

석수(국보162호) 무령왕릉 맨 앞에 쇠뿔을 단 돌짐승 한 마리가 밖을 바라보며 무덤 안을 지키고 있었다. 석수란 돌로 만든 동물상으로 무덤을 지키는 동물인데 우리나라에서는 처음 발견된 것이다.

금제 관 장식(국보154호) 왕과 왕비의 관에서 발굴되었다. 왕과 왕비 모두 얇은 금판을 오려 만든 금제 관장식 한 쌍이 머리맡에 포개진 채 발굴되었다. 왕의 장식은 여러 갈래로 피어오르는 불꽃 모양이고, 왕비의 장식은 막 피어오르는 연꽃 모양을 좌우대칭으로 새겼다.

16

① 다음은 무령왕릉에서 발굴된 유물들이에요. 보기에서 이름을 찾아 써요.

보기
지석   석수   왕 금제 관장식/왕비 금제 관장식
왕 금귀고리/왕비 금귀고리   금목걸이   금뒤꽂이   청동거울

옆의 무령왕릉 내부에서 지석, 석수, 왕과 왕비의 관을 찾아봐요.

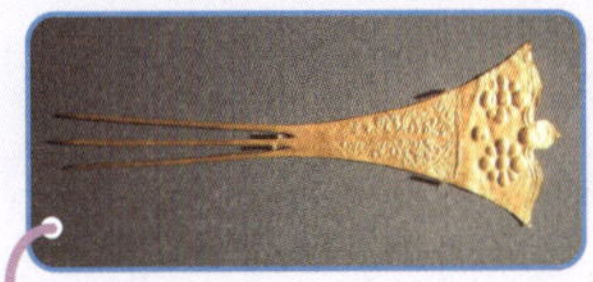

04 사비 백제 – 무왕 이야기

웅진에서 다시 힘을 기른 백제는 성왕이 다스릴 때 수도를 사비(지금의 부여)로 옮겼어요. 사비에서 무왕은 백제의 부흥을 위해 노력했어요. 무왕이 어떻게 왕이 되었는지 〈삼국유사〉의 설화를 함께 읽어봐요.

서동과 선화공주 이야기

백제 30대 무왕은 어렸을 때 홀어머니와 함께 남지라는 연못 근처에서 살았어요. 무왕의 어머니는 그 못의 용과 정을 통하여 무왕을 낳았어요. 무왕은 어릴 때 서동이라고 불렸는데, 서동은 마를 캐는 아이라는 뜻이에요.

서동은 어느 날 신라 진평왕의 셋째 공주인 선화가 세상에서 둘도 없이 아름답다는 소문을 들었어요. 그는 머리를 깎고 신라의 서울로 갔어요. 서동은 동네 아이들에게 마를 나눠주며 이런 노래를 부르게 했어요.

충청남도 부여 궁남지
(무왕의 탄생 설화가 깃든 연못)

㉠ 선화 공주님은 / 남몰래 시집을 가서
　서동의 방을 / 밤에 몰래 들락거리네.

이 노래는 거리에서 거리로, 입에서 입으로 번져 대궐에까지 알려졌어요. 진평왕은 화가 나서 선화공주를 궁궐에서 내쫓았어요. 누명을 쓰고 쫓겨나는 공주가 안타까워 어머니는 순금 한 말을 노자로 주었어요. 그때 서동이 나타나 선화공주에게 모든 사실을 고백했어요.

선화공주는 서동을 따라 백제로 건너가 부부가 되었어요. 선화공주가 어머니가 준 금을 꺼내 놓자 서동은 큰소리로 웃으며 말했어요.

"이게 무슨 물건이오?"

"이건 황금입니다. 평생 동안 살아갈 수 있을 거예요."

"내가 어려서부터 마를 캐던 곳에 이런 것들이 흙처럼 쌓여 있소."

"이것은 보물입니다. 그 보물을 부모님 궁전으로 실어 보내는 것이 어떨까요?"

선화공주가 지명법사에게 부탁하자, 지명법사는 신통력을 써서 하룻밤 사이에 황금을 신라의 궁중에 옮겨 놓았어요. 진평왕은 서동이 보통 사람이 아니라며 사위로 맞이하니, 신라와 백제 사람들 모두 서동을 존경했어요. 서동은 이로 말미암아 인심을 얻게 되어 왕위에 올랐답니다.

　　　　　　　　　　　　　　　　　　　　　　　　– 일연의 〈삼국유사〉에 실려 있음 –

1 서동은 무슨 뜻인가요?

薯 참마 서   童 아이 동

2 서동이 ㉠과 같은 노래를 퍼뜨린 이유는 무엇인가요?

3 선화공주는 궁궐에서 왜 쫓겨났나요? 선화공주의 심정은 어떠했을까요? 나도 이렇게 억울한 일을 당한 적이 있나요?

4 서동은 어떻게 백제의 왕이 될 수 있었나요? 서동의 이러한 행동에 대해 나는 어떻게 생각하나요?

5 백제 무왕 때 우리나라에서 가장 오래되고 가장 큰 미륵사지 석탑이 지어졌어요. 왜 미륵사지 석탑이라 부를까요?

미륵사지 석탑
(국보11호, 전북 익산)

금제 관장식 그리기

백제의 무령왕릉에서 출토된 아름다운 왕과 왕비의 금제 관장식을 따라 그리고 색칠해 봐요. 백제인들의 섬세한 세공기술을 느껴 보세요.

왕 금제 관장식

왕비 금제 관장식

3차시
화려한 금관, 신라

1. 신라를 세운 박혁거세 이야기
2. 신라 무덤 이야기
3. 진흥왕 이야기
4. 선덕여왕 이야기

01 신라를 세운 박혁거세 이야기

신라의 건국 이야기를 통해 신라가 세워질 당시의 상황을 알아봐요.

알에서 나온 박혁거세, 신라 왕이 되다!

먼 옛날 경상북도 경주에는 여섯 부족이 모여 살고 있었어요. 어느 해 삼월 초하룻날, 이들 여섯 부족의 촌장이 언덕 위에 모였어요. 그 중 양산촌 촌장이 말했어요.

"지금 우리는 위로 임금님이 없이 백성을 다스리고 있소. 그러다 보니 어찌 다스리는 것이 옳은지 알 길이 없구려."

나정(경북 경주)

"옳은 말이오. 하루빨리 덕망 있는 사람을 찾아 우리의 임금으로 삼고 도읍을 정해야 하오."

㉠바로 그때였어요. 남쪽 하늘에서 한 줄기 빛이 양산촌 마을로 쏟아져 내렸어요. 여섯 촌장들은 신기해서 앞다투어 달려갔지요. 빛이 쏟아져 내리고 있는 곳은 양산촌의 '나정'이라는 우물 옆에 있는 숲이었어요. 그곳에는 흰 말이 붉은색 광채를 내뿜는 알을 앞에 두고 절을 하듯 꿇어앉아 있었어요. 촌장들이 다가가자 흰 말은 요란한 소리를 내며 하늘로 날아가 버렸어요. 촌장들은 수풀 사이에 덩그러니 남아 있는 알 곁으로 다가갔어요. 그때 쩍 하고 알이 저절로 갈라지더니 그 속에서 아주 잘생긴 사내아이가 나타났어요. 촌장들은 조심스럽게 아기를 꺼내 냇가로 데리고 가서 정성스레 목욕을 시켰어요. 그러자 아기의 몸에서 더 찬란하고 아름다운 광채가 났어요.

"오오, 이 아이가 바로 우리 마을을 다스릴 임금인가 보오.!"

"그렇소. 이 아이 이름을 세상을 밝게 다스린다는 뜻의 '혁거세'라 하고 우리 왕으로 삼읍시다. 박처럼 둥근 알에서 태어났으니 성은 '박'씨가 좋겠소."

박혁거세는 건강하고 총명하게 자라났어요. 그는 13세 때 촌장 회의에서 왕으로 추대되었고, 나라 이름을 사로국이라 했어요. 그후 사로국은 백제나 고구려처럼 주변 나라들을 정복하면서 크고 강한 나라로 커 나갔어요. 그리고 503년 지증왕 때 나라 이름을 신라로 바꾸었어요.

– 고려 역사책 김부식의 〈삼국사기〉와 일연의 〈삼국유사〉에 실려 있음 –

1. 경상북도 경주에 몇 개의 부족이 모여 살고 있었나요?
이 여섯 촌장들의 걱정은 무엇이었나요?

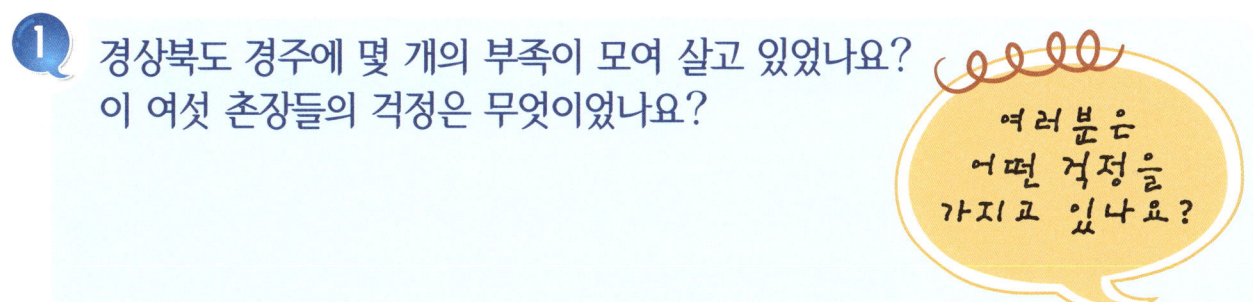

2. ㉠바로 그때 어떠한 일이 일어났나요? 선생님한테 설명해 봐요.

3. 박혁거세는 몇 살 때 왕으로 추대되었나요?

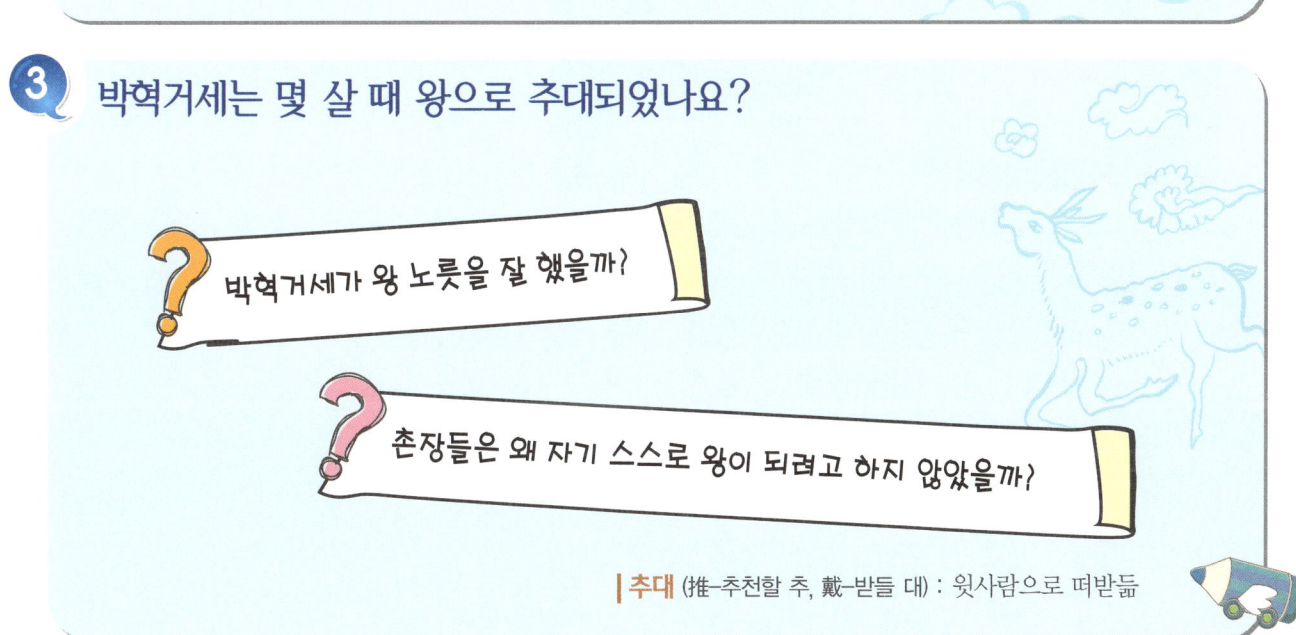

박혁거세가 왕 노릇을 잘 했을까?

촌장들은 왜 자기 스스로 왕이 되려고 하지 않았을까?

| 추대 (推-추천할 추, 戴-받들 대) : 윗사람으로 떠받듦

4. 신라의 옛이름은 무엇인가요?
어느 왕 때 신라라고 부르게 되었나요?

오릉
(박혁거세를 비롯한 신라 초기 왕들의 능으로 추정)

23

02 신라 무덤 이야기

신라 초기 왕들의 무덤은 무지무지 커요. 주변 지역 사람들에게 힘을 과시하기 위해 이렇게 거대한 무덤을 만들었대요. 함께 경주 대릉원에 가 봐요.

대릉원 이야기

대릉원(경북 경주시 황남동)

대릉원은 "미추왕을 대릉에 장사 지냈다"는 《삼국사기》의 기록을 보고 지은 이름이에요. 대릉원의 총면적은 12만 5400평으로, 신라 시대 초기의 왕, 왕비, 귀족 등의 무덤 23기가 모여 있어요. 이 무덤들에서는 금관, 금모자, 금귀걸이, 금목걸이, 금팔찌, 금반지, 금허리띠, 금신발 등 황금 유물들이 많이 발굴되었어요. 그래서 신라를 황금의 나라라고 불러요. 하지만 현재까지 무덤의 주인이 누구인지 밝혀진 것은 없답니다.

1 대릉원이라는 이름은 어떻게 지어졌을까요?

大	陵	苑
큰 대	무덤 릉	동산 원

2 신라를 왜 황금의 나라라고 부를까요?

3 무덤의 주인이 누구인지 몰라서 학자들은 천마총, 금관총, 황남대총이란 이름을 붙였어요. 각 무덤에서 발굴된 유물을 바르게 연결하면서 왜 이런 이름이 붙었는지 생각해 봐요.

총 (塚-무덤 총) : 주인이 밝혀지지 않은 무덤에 유물 등의 특징을 따서 이름을 붙인다.
릉 (陵-무덤 릉) : 주인이 밝혀진 왕이나 왕비의 무덤

천마총

금관 / 금사슬허리띠드리개

금관총

금관 / 금모자

황남대총

경주 황남동 소재 / 가장 큰 무덤

천마도 / 금관

25

03 진흥왕 이야기

신라의 정복왕 진흥왕은 신라 땅을 크게 넓히고, 빼앗은 땅에다 신라의 땅임을 표시하는 순수비를 많이 세웠어요. 진흥왕의 업적을 알아봐요.

진흥왕, 나제동맹을 깨고 한강을 차지하다

　신라에서 진흥왕이 나라를 다스리고 있을 때 백제는 성왕이 다스렸어요. 백제의 성왕이 신라 진흥왕에게 제의했어요.
　"지금 고구려가 남쪽 수비에 허술하니 함께 힘을 합해 고구려를 공격합시다. 그럼 한강 유역을 빼앗을 수 있을 것입니다."
　영토를 넓히는 데 큰 야심을 품고 있던 ㉠진흥왕은 고구려 땅이던 충청북도 단양 적성까지 진출하면서, 언젠가는 한강을 차지하리라 마음먹고 있던 참이었어요. 이미 나제동맹의 약속도 있었으므로 진흥왕은 성왕의 제의를 곧바로 받아들였어요.
　이내 두 나라의 연합군이 꾸려졌어요. 백제의 총사령관은 태자 여창이었고, 신라의 총사령관은 거칠부라는 장수였어요. 두 나라 연합군은 고구려가 차지하고 있던 한강 유역으로 진출해 단숨에 한강 유역을 손에 넣었어요. 그런데 이듬해 7월, 백제의 성왕은 뜻밖의 보고를 받았어요.
　"폐하, 신라의 군사들이 한강 유역을 지키던 우리 백제군을 격파하고 한강을 독차지했다 하옵니다."
　"뭣이? 그럴 리가 있느냐? 백 년이나 넘게 지속돼 온 나제동맹을 깨뜨리다니! 신라 진흥왕에게 사신을 보내 한강 유역은 본래 우리 땅이니 돌려달라고 하여라."
　그러나 진흥왕은 거절했어요. 진흥왕은 어렵게 빼앗은 한강 유역의 땅을 백제에 쉽게 내줄 수가 없었지요.
　'백제를 배신하긴 했지만 우리 신라가 더 큰 나라가 되기 위해서는 어쩔 수 없는 일 아닌가? 한강을 빼앗으면 주변의 들판에서 나는 많은 곡식을 얻을 수 있고, 서해로 중국과 무역도 할 수 있지 않은가?'
　한강을 독차지한 진흥왕은 북한산에 올라 자신이 점령한 넓은 땅을 바라보며 그 자리에 신라 땅의 경계를 표시하는 비석을 세웠어요. 이것이 북한산 순수비예요. 진흥왕은 이번이야말로 신라가 강해질 수 있는 마지막 기회라 생각하고 한강을 꼭 지켜내리라 마음을 굳게 먹었어요.

－ 김부식의 〈삼국사기〉에 실려 있음 －

1. 나제동맹이란 무엇인가요?

羅	濟	同	盟
신라 라	백제 제	같을 동	맹세 맹

2. 진흥왕은 ㉠과 같이 충청북도 단양을 점령한 후 단양 적성비를 세웠어요. 다음 중 이 비석에 씌어 있는 내용이 아닌 것은?

- 고구려가 신라를 도와준 적이 있으니 고구려를 돕는 것은 신라를 돕는 것이니라!
- 신라를 도와준 백성에게 상을 주노라!
- 고구려 군대를 물리치는 데 공을 세운 △△를 장군으로 임명하노라!
- 신라에 충성을 다하면 상을 주겠노라!

단양 적성비(국보 198호)

3. 다음 사진을 보고 북한산 진흥왕 순수비를 보려면 어디로 가야 하는지 설명해 봐요.

북한산 순수비
(북한산, 1961)

모조품 북한산 순수비
(현재 북한산에 있음)

북한산 순수비
(국보3호, 국립중앙박물관)

04 선덕여왕 이야기

신라의 제27대 왕이며 최초의 여왕인 선덕여왕은 첨성대와 황룡사 구층탑을 건립하는 등의 업적을 남겼어요.

선덕여왕과 향기 없는 꽃

진평왕이 죽자 진평왕의 둘째 딸인 덕만이 신라 최초로 여왕이 됐어요. 바로 신라 제27대 왕인 선덕여왕이에요. 진평왕에게는 딸만 있고 아들이 없었거든요. 여자가 왕이 되자 불만을 가진 귀족들이 반발했어요. 게다가 주변 국가들의 시선도 곱지 않았어요. 당나라 황제는 여자가 왕이 된 것을 못마땅하게 여기면서도 왕의 즉위를 축하하기 위해 신라에 사신을 보냈어요.

"황제께오서 여왕님께 꽃 중의 왕이라고 불리는 모란꽃 그림과 씨앗을 선물하셨답니다."

탐스럽고 화려한 모란꽃들은 과연 꽃 중의 왕이라 불릴 만도 했어요. 그런데 선덕여왕은 기뻐하는 기색 없이 이렇게 말했어요.

"㉠이 그림 속의 꽃은 아름답기는 하나 향기가 없을 것이오. 꽃씨를 뜰에 심어 보시오."

선덕여왕의 명대로 꽃씨를 뜰에 심었어요. 시간이 흘러 꽃이 피었는데 놀랍게도 정말 꽃에서 향기가 나지 않는 거예요.

신하들이 놀라 여왕께 묻자 선덕여왕이 대답했어요.

"꽃에는 으레 벌과 나비가 따르게 마련인데 이 그림 속에는 벌과 나비가 없소. 꽃을 그리면서 나비가 없으니 거기 향기가 나지 않음을 알지요. 이는 곧 당나라 황제가 내가 배우자 없이 혼자 지냄을 놀린 것입니다."

이 이야기를 전해 들은 당나라 황제는 더 이상 선덕여왕을 여자라고 무시하지 않았대요. 또한 그때 당나라에 불교 유학을 다녀온 자장법사가 왕의 권위를 세우고 불교로 나라를 다스리기 위해 황룡사에 큰 탑을 세우자고 건의했어요.

"여왕님이시여! 황룡사 마당에 9층짜리 거대한 탑을 세우면, 중국과 왜를 비롯한 신라 주변의 아홉 나라 모두가 감히 신라 왕이 여자라고 깔보지 못할 겁니다. 오히려 모두 항복해 올 것입니다."

선덕여왕은 이 제안을 받아들여 황룡사9층탑을 세웠어요. 이 탑은 안타깝게도 고려 시대 몽골 침입 때 불타 없어져서 현재는 볼 수가 없어요. – 일연의 〈삼국유사〉에 실려 있음 –

28

① 당나라 황제는 선덕여왕에게 무슨 선물을 보냈나요?

② 선덕여왕은 모란꽃이 ㉠처럼 향기가 없을 것이란 사실을 어떻게 알았나요?

③ 다음은 선덕여왕 시기에 세워진 건축물이에요. 선생님 설명을 듣고 다음 문화재에 대해 내가 알고 있는 정보를 말풍선에 써 봐요.

분황사 석탑(국보30호)

첨성대(국보31호)

황룡사9층탑 모형

천마도 그리기

천마도는 말다래에 그려진 말그림인데, 그 모습이 마치 하늘을 날아오르는 천마(天馬)의 모습을 하고 있다 해서 천마도라 불러요. 천마를 따라 그리고 색칠해 봐요.

천마도(국보 207호, 가로 75cm, 세로 53cm, 두께는 약 6mm)

| 말다래 : 말을 탄 사람의 옷에 흙이 튀지 않도록 안장에 달아 늘어뜨리는 물건

4차시
철의 왕국, 가야

1. 가야를 세운 수로 이야기
2. 수로왕에게 도전한 탈해 이야기
3. 수로왕비 허황옥 이야기
4. 쇠와 토기 이야기

이 가야를 세운 수로 이야기

 가야의 건국 이야기를 통해 가야가 세워질 당시의 상황을 알아봐요.

거북아 거북아 머리를 내밀어라

먼 옛날 낙동강 근처(경상남도 김해)에 아홉 부족이 흩어져 살고 있었는데, 왕이 없어 아홉 명의 부족장이 다스리고 있었어요.

어느 날 부족장들이 제사를 지내고 있는데, 갑자기 북쪽의 구지봉에서 이상한 소리가 들렸어요. 부족장과 마을 사람들이 서둘러 구지봉으로 올라갔는데, 사람의 모습은 보이지 않고 목소리만 뚜렷하게 들려 왔어요.

"하늘이 나에게 명하기를 이 곳에 내려와 나라를 세우고 왕이 되라 하셨다. 너희들은 산봉우리의 흙을 파면서 '거북아 거북아 머리를 내밀어라. 만일 내밀지 않으면 잡아서 구워 먹으리'라고 노래 부르며 춤을 추어라. 그렇게 하면 너희들은 곧 왕을 맞이할 수 있을 것이다."

사람들은 하늘의 목소리가 시키는 대로 노래를 부르며 춤을 추었어요.

그러자 난데없이 하늘에서 자주색 줄이 내려와 땅에 닿는 것이었어요. 줄 끝에는 붉은 보자기에 황금 상자가 싸여 있었어요. 상자를 열자 해처럼 둥근 황금알 여섯 개가 들어 있는 거예요. 사람들은 황금알을 향해 수없이 절을 했어요. 열이틀이 지나자 여섯 개의 황금알이 여섯 명의 사내아이로 변해 있었어요. 사람들은 하늘에서 왕을 보내 주신 것이라 생각하고 받들어 모셨어요.

아이들은 하루가 다르게 쑥쑥 자라더니 열흘이 지나자 키가 9척이 넘었어요. 그중에서 용모가 가장 뛰어나 보이는 청년이 말했어요.

"하늘의 명을 받아 이 땅을 다스리기 위해 다섯 아우를 데리고 왔노라."

모두들 기뻐하며 그를 왕으로 받들어 모셨어요. 그 사람이 가야의 시조 김수로예요. 황금 상자에서 나왔다 하여 성은 '김'이라 하고, 알에서 제일 먼저 나왔다 하여 이름은 '수로'라 했어요. 알에서 태어난 나머지 다섯 사람도 다섯 가야의 왕이 되었어요.

– 일연의 〈삼국유사〉에 실려 있음 –

① 원래 가야 지방에는 몇 개의 부족이 있었나요?

② 부족장과 마을 사람들은 왜 구지봉으로 서둘러 올라갔나요?

③ 하늘에서 어떻게 하면 왕을 맞이할 수 있다고 했나요? 나도 따라서 큰소리로 노래를 불러 봐요.

④ 가야는 한 나라로 합쳐지지 못하고 몇 개의 나라가 되었나요? 왜 그랬을까 상상해 봐요.

02 수로왕에게 도전한 탈해 이야기

가야의 건국 이야기를 통해 가야가 세워질 당시의 상황을 알아봐요.

수로왕, 탈해를 무찌르다!

김수로가 왕이 된 지 3년째인 2월 어느 날, 한 신하가 부리나케 뛰어들어오며 소리쳤어요.
"바닷가에 외적이 쳐들어왔습니다!"
수로왕은 신하들을 이끌고 김해 앞바다로 달려갔어요. 과연 커다란 배 여러 척이 다가오더니 키가 3척밖에 안 되는 작은 사람이 말했어요.
"나는 탈해라고 하오. 이 곳에 살 만한 땅이 있다는 소릴 듣고 찾아왔소. 당신의 왕의 자리를 빼앗아 내가 다스려 볼까 하오."
"나는 하늘의 명령으로 왕위에 올라 나라를 태평하게 하여 백성을 편하게 살도록 했다. 그런데 감히 하늘의 명을 어기고 왕위를 남에게 넘겨줄 수 있겠느냐? 썩 물러가라."
"그렇다면 누가 더 술법이 뛰어난지 겨루어 승부를 가리기로 합시다."
"좋다, 어디 한번 겨뤄 보자."
탈해는 수로왕의 대답이 채 끝나기도 전에 술법을 써서 매로 변했어요. 그러자 수로왕도 재빨리 독수리로 변했어요.
"이런, 큰일났다!"
탈해는 재빨리 참새로 변했어요. 그러자 수로왕도 눈 깜짝할 사이에 참새를 잡아먹는 새매로 변했어요. 탈해가 다시 사람 모습으로 돌아오자 수로왕도 본래 모습으로 돌아왔어요. 탈해가 수로왕 앞에 엎드려 말했어요.
"제가 졌습니다. 제가 매가 되었을 때 임금님께서는 독수리가 되어 저를 잡아먹을 수 있었고, 또 제가 참새가 되었을 때 새매로 변해 나를 죽일 수도 있었는데, 임금님께서는 저를 살려 주셨습니다. 이는 임금님께서 어진 마음을 지니셨기 때문일 것입니다. 제가 임금님과 왕위를 다투는 것은 어리석은 짓일 뿐입니다."
탈해가 항복하자 수로왕은 탈해가 반란을 일으킬까 염려하여 배에 태워 멀리 쫓아 보냈어요.
"수로대왕 만세!"
가야 사람들은 환호성을 지르며 덩실덩실 춤을 추었어요.

— 일연의 〈삼국유사〉에 실려 있음 —

① 탈해는 왜 가야 왕국을 찾아왔나요?

② 수로왕과 탈해가 술법을 써서 무엇으로 변했는지 차례대로 써 봐요. 내가 술법을 쓸 수 있다면 무엇으로 변하고 싶은가요?

수로왕 ▶

탈해 ▶

내가 변하고 싶은 것 ▶

③ 수로왕과 탈해의 싸움에서 결국 누가 이겼나요? 만약 탈해가 이겼다면 어떻게 되었을까요?

03 수로왕비 허황옥 이야기

가야의 건국 이야기를 통해 가야가 세워질 당시의 상황을 알아봐요.

바다를 건너온 공주

수로왕이 왕위에 오른 지 몇 년이 지났지만 아직 왕비가 없었어요. 신하들이 왕을 찾아가서 말했어요.

"대왕께서는 이제 혼인하실 때가 되었습니다. 신하들의 딸 가운데 예쁜 처녀를 가려 뽑아 왕비로 삼으시는 것이 어떻겠사옵니까?"

"나는 하늘의 뜻에 따라 이 곳에 온 것이다. 그러니 왕비 또한 하늘이 정해 줄 것이다. 이제 때가 되었으니 그대들은 염려하지 마라."

며칠 뒤 수로왕은 신하에게 가벼운 배와 빠른 말을 주며 명령했어요.

"그대는 망산도에 가서 왕비를 맞이하거라."

신하들이 망산도에 가서 기다리니, 바다 서쪽에서 붉은 돛을 단 배가 붉은 깃발을 휘날리며 다가왔어요. 신하들이 배에서 내린 여인을 궁궐로 모시려 하자, 여인이 말했어요.

"나는 그대들을 전혀 모르는데, 어찌 함부로 따라간단 말이오?"

신하들이 수로왕에게 사실대로 전하자 수로왕은 고개를 끄덕이며 신하들을 거느리고 직접 왕비를 맞이하러 바닷가로 나갔어요.

"잘 오셨소. 나는 가락국의 왕 수로왕이오."

여인은 그제야 마음이 놓이는지 수로왕에게 공손히 인사했어요.

"저는 아유타국(인도의 고대 왕국) 공주 허황옥이며 나이는 열여섯 살입니다. 제 아버님과 어머님이 꿈에 옥황상제를 뵈었는데, 가야국의 왕 수로에게 저를 시집보내라 하셨답니다. 그래서 이렇게 찾아왔습니다."

"실은 나도 그대를 왕비로 맞게 될 것을 알고 있었소. 그래서 그대를 맞이하러 신하들을 보냈던 것이오."

수로왕은 그날로 결혼식을 올리고 아유타국의 공주를 왕비로 삼는다고 선포했어요. 수로왕과 왕비는 서로 지극히 사랑했고, 백성들을 자식처럼 사랑하며 나라를 잘 다스렸어요. 왕비가 세상을 떠나자 백성들은 어머니를 잃은 듯 슬퍼하며 구지봉 동북쪽 언덕에 장사지냈어요. 수로왕은 10년 후에 태자에게 왕위를 물려주고 세상을 떠났어요.

– 일연의 〈삼국유사〉에 실려 있음 –

1. 신하들이 수로왕에게 왕비를 맞이하라고 하자 수로왕은 뭐라고 대답했나요?

2. 수로왕의 부인 허황옥은 어느 나라에서 왔나요? 허황옥은 배에다 다음 파사 석탑을 싣고 왔다고 해요. 왜 싣고 왔을까요?

파사 석탑

이 석탑은 수로왕비 허황옥이 아유타국에서 바다를 건너올 때 배에 싣고 온 것이다. 배의 균형을 잘 잡아 파도를 잠재우기 위해 싣고 왔다고 《삼국유사》 등에 기록되어 있다.

3. 수로왕과 허황옥의 무덤은 어디에 있을까요?

수로왕릉(경상남도 김해시 서상동)

수로왕비릉(경상남도 김해시 구산동)

김해 김씨와 김해 허씨의 시조는 누구일까요?

04 쇠와 토기 이야기

 가야 600년 역사의 흔적은 무덤과 무덤 속에서 발굴된 여러 유물로 알 수 있어요. 그중에서 가장 유명한 쇠와 토기 유물을 알아봐요.

1 가야의 무덤 중 커다란 무덤은 이렇게 산자락 높은 데 서 있어요. 신라의 무덤과 무엇이 다른가요?

2 가야가 있던 김해 지역은 철이 많이 나는 곳이에요. 그래서 가야의 무덤에서는 철갑옷과 덩이쇠가 많이 나왔어요. 철갑옷과 덩이쇠는 어떠한 용도로 사용했을까요?

판갑옷과 투구

덩이쇠

김해(金海)는 쇠의 바다라는 뜻?

3. 가야 유적에서 가장 많이 나오는 유물이 토기예요. 모양을 잘 살펴보고 알맞은 토기 이름을 보기에서 찾아봐요.

보기: 짚신모양토기 오리모양토기 기마인물모양토기 수레바퀴모양토기 창고모양토기 배모양토기 말모양토기 신발모양토기

가야 토기 그리기

창원 다호리에서 출토된 가야의 창고 모양 토기는 지붕은 짚으로 얹고 바람에 날리지 않게 새끼줄을 두른 모양이에요. 토기를 따라 그리고 색칠해 봐요.

창고 모양 토기
(가야, 국립김해박물관 소장)

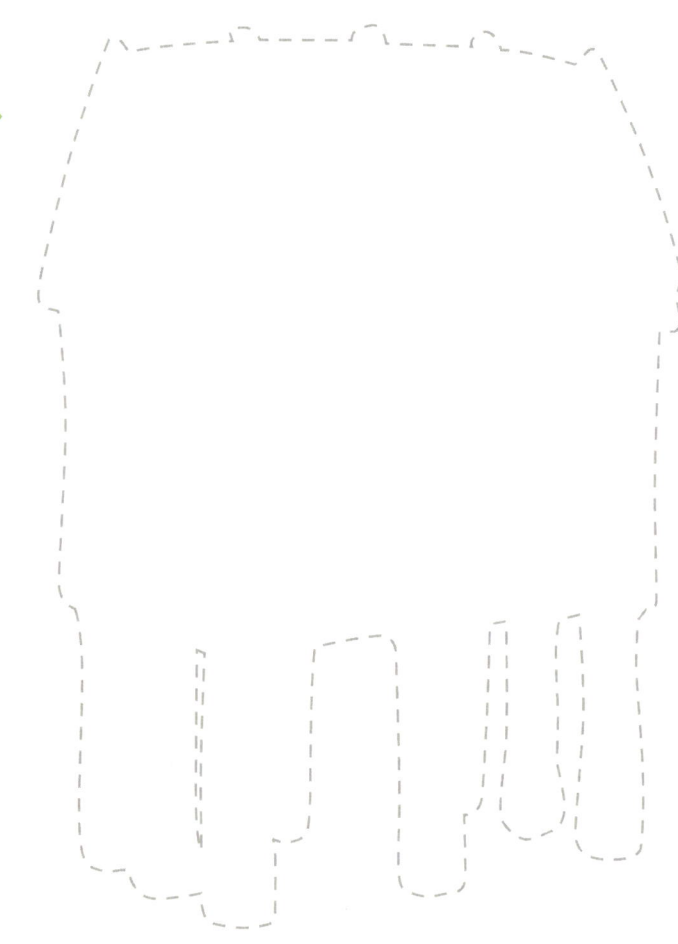

창고 모양 토기 복원 모습
(김해 봉황동 유적지)

내가 읽은 역사책

책이름

지은이

출판사

읽은날

이 책을 읽고 알게 되었어요!

이 곳에 가고 싶어요

이번 달에 배운 유적지 중 가장 가보고 싶은 곳 하나를 골라 답사 계획서를 작성해 보세요.

유적지	
유적지 주소	
답사 예정 날짜	함께할 사람
가보고 싶은 이유	
보고 싶은 유물과 유적	

답사 여행을 다녀와서

재미있게 답사를 잘 다녀왔지요? 보고서로 정리하면 더욱더 잊혀지지 않는 추억이 된답니다.

이름		날짜	년 월 일

유적지 이름

같이 간 사람

내가 본 유물과 유적

느낀 점

티켓 / 사진 붙이는 곳

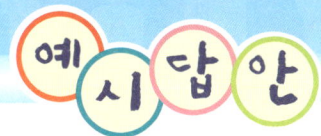

1차시 씩씩한 수렵도, 고구려 (1쪽~)

01. 고구려를 세운 주몽 이야기
1. 어머니 – 물의 신 하백의 딸 / 아버지 – 하느님의 아들인 해모수의 아들 주몽은 하느님(신)의 자식이지만 나는 우리 엄마, 아빠의 자식이다.
2. 주몽이 자기들보다 무예도 더 뛰어나고 머리도 총명하여 금와왕의 사랑을 받았기 때문에 / 미워하는 사람을 쓰고 왜 미운지, 사이가 좋아질 수 있는 방법은 없는지 생각해 봐요.
3. 말이 음식을 못 먹도록 해서 안 좋은 말로 보이게 하려고
4. 이곳은 자연이 만든 요새구나! 여기에 수도를 정해야겠다! 등등 자신이 상상해서 적어 보세요.

02. 광개토대왕과 장수왕
1. 광개토대왕 – 넓은 영토를 연 왕
   장수왕 – 오랫동안 살았던 왕
2. 광개토대왕릉비 – 광개토대왕은 고구려 땅을 크게 넓힌 위대한 왕이다!
   장수왕 – 이제 충주 지역은 고구려의 땅이다!

03. 바보온달과 평강공주
1. 나의 별명을 써보고 왜 그런 별명이 생겼는지 말해 봅시다.
2. 내 생각을 자유롭게 이야기합니다.
3. 신라의 군대
4. 이렇게 이야기가 전해지는 것을 보면 이러한 일이 있었을 것 같다(평민도 실력이 있으면 장군이 될 수 있을 만큼 고구려는 개방적인 사회였다.)

04. 고구려 벽화 이야기
1. 그림을 찾아본다 / 수렵=사냥, 사냥하는 그림이기 때문에 / 다섯 명 / 사슴 / 호랑이
2. 그림을 찾아본다 / 무용=춤, 춤을 추는 그림이기 때문에 / 주인님, 귀족(아래 왼쪽의 말탄 사람)
3. 수렵도 – 씩씩한 고구려인의 기상이 느껴진다.
   무용도 – 고구려인들의 옷차림과 춤이 아름답다.
   등등 자신의 감상을 적어 보세요.

2차시 우아한 무령왕릉, 백제 (11쪽~)

01. 백제를 세운 온조 이야기
1. 세 명 / 유리, 비류, 온조
2. 비류 – 미추홀(인천), 온조 – 위례성(서울시 송파구)
3. 처음에 나라 이름을 십제로 한 것은 온조를 도운 10명의 신하와 함께 나라를 세워서 그런 것이다. 미추홀에 나라를 세운 비류가 죽고 비류의 신하와 백성들도 온조의 백성이 되었다. 백성(百姓)들이 온조를 따랐다고 하여 백제(百濟)로 나라 이름을 바꾸었다.
4. 장군총 – 고구려의 유적이다 / 청동자루솥 – 백제의 유적에서 발견되긴 했지만 중국의 유물이다.

02. 한성 백제 – 근초고왕 이야기
1. 고국원왕
2. 고구려의 군대는 대부분 숫자만 채운 병사였고, 붉은 깃발을 든 부대가 가장 강력한 부대였기 때문에 이들만 물리치면 나머진 저절로 물러갈 것이라고 생각했기 때문에
3. 왕이 걱정되어 제대로 싸울 수 없었을 것이다. 전쟁에 졌다고 생각했을 것이다. 등등 자유롭게 상상해서 말해 봅니다.
4. 첫 번째 지도(근초고왕이 다스릴 때 백제 땅이 가장 넓었어요. 백제 땅이 가장 넓은 지도는 첫 번째 지도예요.)

03. 웅진 백제 – 무령왕릉 이야기
1. 왼쪽 위부터 차례로
   지석 / 금목걸이 / 석수
   왕 금제 관장식 / 청동거울 / 왕비 금제 관장식
   왕 금귀고리 / 왕비 금귀고리 / 금뒤꽂이

04. 사비 백제 – 무왕 이야기
1. 마를 캐는 아이
2. 선화 공주를 아내로 삼기 위해서
3. 서동이 만든 노래가 대궐까지 알려져서 누명을 쓰고 궁궐에서 쫓겨났다. / 매우 억울한 심정이었을 것이다. 등등 자신의 생각을 자유롭게 적어 보세요. / 내가 당했던 억울한 일을 적어 보세요.
4. 지혜를 이용해 아름다운 선화공주를 왕비로 맞이하고 지명법사의 신통력을 이용해 황금을 신라의 궁중에 옮겨 놓은 일들로 인해 백제와 신라 사람들로부터 존경받고 인심을 얻어 왕이 될 수 있었다. / 그래도 거짓말을 한 것은 잘못이라고 생각한다 등 자유롭게 자신의 의견을 말해 보세요.
5. 미륵사라는 절이 있던 자리(지地,땅지)에 남아 있는 탑이라는 뜻

3차시 화려한 금관, 신라   21쪽~

01. 신라를 세운 박혁거세 이야기
1. 여섯 부족, 임금님이 없이 백성을 다스리고 있는 것
2. 남쪽 하늘에서 한 줄기 빛이 양산촌 마을로 내려왔다.
3. 13세 / 나이가 너무 어려서 나라를 다스리기 힘들었을 것이다, 왕으로 추대해 놓고 촌장들이 다스렸을 것이다 등등 자유롭게 자신의 생각을 이야기한다. / 여섯 명의 촌장의 힘이 비슷비슷해서 어느 한 명이 왕이 되기가 힘들었을 것이다 등등 자신의 생각을 자유롭게 이야기한다.
4. 사로국, 지증왕(503년)

02. 신라 무덤 이야기
1. 삼국사기에 "미추왕을 대릉에 장사지냈다."라는 구절에서 따왔다.
2. 금으로 된 유물들이 많이 발견되어서
3. 천마총 – 천마도 / 금관
   금관총 – 금관 / 금모자
   황남대총 – 금관 / 금사슬허리띠드리개

03. 진흥왕 이야기
1. 신라와 백제가 고구려에 대항하기 위해 맺은 동맹
2. X, O, O, O
3. 북한산 순수비는 원래 북한산에 있었지만 보존을 위해 지금은 국립중앙박물관에 옮겨져 있고 북한산 정상에는 모조품이 서 있다. 그래서 진짜 북한산 진흥왕 순수비를 보려면 국립중앙박물관에 가야 한다.

04. 선덕여왕 이야기
1. 모란꽃 그림과 씨앗
2. 그림 속에 꽃은 있는데 벌과 나비가 없었기 때문에
3. 분황사 석탑 – 돌을 깎아 벽돌 모양으로 만든 후에 탑을 쌓은 모전석탑이다. 원래는 7층이나 9층 석탑으로 생각되지만 윗부분이 무너져내려 정확히 몇 층인지는 알 수 없다.
   황룡사 9층 목탑 – 당나라에 불교 유학을 다녀온 지장법사가 왕의 권위를 세우고 불교의 나라로 다스리기 위해 탑을 세우자고 해서 만들어졌다. 나무로 만들었다. 고려 시대 몽골의 침입 때 불타 없어졌다.
   첨성대 – 선덕여왕 때 만들어진 하늘을 관측하는 천문대이다.

4차시 철의 왕국, 가야   31쪽~

01. 가야를 세운 수로 이야기
1. 아홉 부족
2. 부족장들이 제사를 지내고 있을 때 구지봉에서 이상한 소리가 들려서
3. 산봉우리의 흙을 파면서 '거북아 거북아 머리를 내밀어라. 만일 내밀지 않으면 잡아서 구워 먹으리'라고 노래 부르며 춤을 추라고 했다.
4. 여섯 개의 나라
   여섯 명의 사람들이 모두 왕이 되고 싶었기 때문에. 등등 자유롭게 상상해서 말해 보세요.

02. 수로왕에게 도전한 탈해 이야기
1. 김수로의 왕의 자리를 빼앗기 위해
2. 수로왕 – 독수리, 새매
   탈해 – 매, 참새
   내가 변하고 싶은 것 – 자유롭게 적어 보세요.
3. 수로왕 / 탈해가 가야의 왕이 되었을 것이다.

03. 수로왕비 허황옥 이야기
1. 나는 하늘에 뜻에 따라 이곳에 왔으니 왕비도 하늘이 정해줄 것이다.
2. 아유타국(인도의 고대 왕국) / 배의 균형을 잘 잡아 파도를 잠재우기 위해 싣고 왔다.
3. 김해 / 김해김씨 – 김수로, 김해허씨 – 허황옥

04. 쇠와 토기 이야기
1. 신라의 무덤은 평지에 모여 있는데 가야의 무덤은 높은 산에 있다.
2. 철갑옷은 전쟁 때 사용했고, 덩이쇠는 녹여서 철기를 만들거나 화폐 대용으로 사용했을 것이다. 등등 자신의 생각을 자유롭게 이야기해요.
3. 1 – 배모양토기,   2 – 기마인물모양토기,
   3 – 말모양 토기,   4 – 짚신모양토기,
   5 – 창고모양토기,   6 – 오리모양토기,
   7 – 신발모양토기,   8 – 수레바퀴모양토기,
   9 – 오리모양토기